PAROLES DES SAGES DE L'INDE

Textes présentés par
Marc de Smedt

Photographies de
Roland et Sabrina Michaud

ALBIN MICHEL
CARNETS DE SAGESSE

La civilisation indienne est une des plus anciennes qui soit : la culture de la vallée de l'Indus remonte à 2500 avant J.-C. et se trouve donc contemporaine des grandes sociétés antiques de l'Égypte et de la Mésopotamie. Dès l'âge de Bronze, elle sut fonder des villes dotées d'égouts et son système socio-politique n'avait rien à envier à celui construit plus tard par les Romains. Dans les ruines de ses deux plus grandes cités, Morappa et Mohenjo Daro, on a découvert des sceaux représentant des personnages hiératiques, déjà assis en posture de yoga.

Cette culture de l'Indus fut remplacée par celle des envahisseurs aryens vers 1500 avant J.-C., ouvrant une ère qui coïncide avec l'établissement du système des castes et avec la composition des Védas (livres de la Connaissance), textes sacrés et mythologiques écrits par les prêtres – les brahmanes –, et ce en sanscrit, qui se trouve ainsi être la plus vieille langue encore en usage au monde. Ces ouvrages marquent l'émergence du riche panthéon des dieux hindous.

Du VIIe au Ve siècle avant J.-C., furent composées les Upanishads, appelées aussi Vedanta (conclusion des Védas) : ce sont des textes mystiques dont on a pu dire que le questionnement humain y atteint une apogée littéraire et philosophique rarement égalée par la suite. Les Védas, suivis des cent huit Upanishads, fonderont la religion indienne que nous connaissons sous le nom d'hindouisme.

À la même époque, vers 600 avant J.-C., Siddharta Gautama, le Bouddha, fonde par ailleurs un enseignement qu'on appellera plus tard le bouddhisme. Ce temps voit une floraison de sages, de renonçants, d'ascètes cherchant le sens de l'existence par les pratiques yogiques, la vie d'ermite et le renoncement. Il en naîtra une spiritualité d'une richesse inouïe, fondée sur l'expérience et la délivrance personnelles : le chercheur est le lieu de la recherche, son corps et sa conscience sont le creuset de sa quête et de sa transformation. Il s'agit en effet de se délivrer des chaînes du Karma, la ronde des causes et effets, déchirer le voile de l'illusion, Maya, et sortir du Samsara, le cycle des morts et des naissances. Toute une philosophie illustrée par un autre grand texte de la littérature indienne, la Bhagavad Gita, qui n'est qu'un extrait des cent mille strophes (trois fois la Bible !) du Mahabharata, épopée écrite vers le IVe siècle avant notre ère. Le texte fut commenté, jusqu'à nos jours, par les plus érudits, les pandits, et par des sages tels Shrî Aurobindo, qui y puisèrent les racines de leur inspiration.

Dans la tradition indienne, en dehors de l'arsenal des techniques respiratoires et gymniques du yoga (les Grecs du temps d'Alexandre le Grand appelaient les yogis des gymnosophes, gymnastes de la sagesse), ce qui me semble le plus intéressant reste cette véritable « métapsychologie » que la pratique de la méditation permit d'élaborer au cours des âges. Les sages hindous ont parfaitement compris que la racine de tous nos maux réside d'abord en nous et que le « connais-toi toi-même » qui fut plus tard cher à Socrate puis à Montaigne, pouvait donner lieu à une véritable science de l'être et de sa psyché. Shrî Aurobindo l'exprime parfaitement lorsque, de manière lapidaire, il dit : « chaque mental met ses propres idées à la place de la vérité ». Et nous pourrions ajouter : … « à la place de la réalité ». En effet nous savons bien que notre écoute d'autrui, notre regard sur les autres et sur notre environnement immédiat, se trouvent sans cesse pollués par nos pensées, fantasmes, émotions et conceptions mentales. Il nous faut donc, sans cesse, décrasser le mental pour retrouver une conscience claire et une vraie présence au monde.

Cela, on ne nous l'a pas appris en Occident.

Et voici peut-être le plus beau message, hérité de cette Inde multimillénaire, qu'il nous est donné de partager aujourd'hui. Sans avoir besoin de devenir en aucune façon hindouiste, nous pouvons nous servir de la sagesse éternelle de l'Inde pour apprendre à devenir meilleurs, plus tolérants, plus ouverts, plus lucides. Le choix des textes de ce recueil a été élaboré en ce sens, dans une volonté d'universalité.

Marc de Smedt

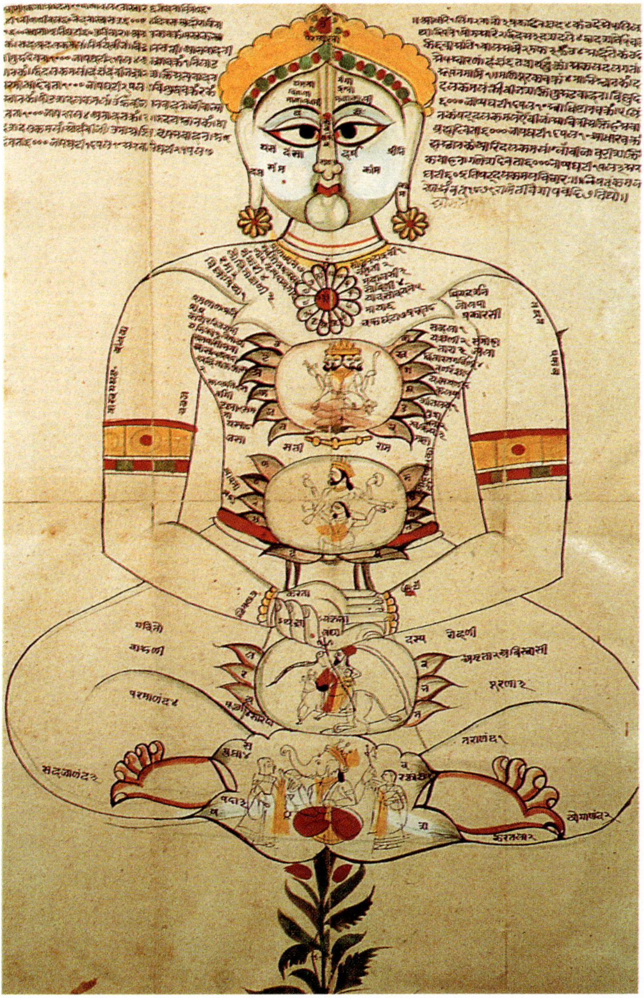

Le corps subtil, miniature du Rajasthan

Le ciel
et la terre
sont
en nous.

Gandhi

कडीरीज्वालांतरकरेनेंभक्तजनांरीरक्षाकीधी॥

On ne sait pas que
Cela est au-delà
des ténèbres
Étant à la fois la Connaissance,
L'objet de la Connaissance,
Et le chemin qui y mène :
Cela réside au cœur de l'univers.

La Bhagavad-Gita

L'Adoration du soleil, miniature XVIIIe s.

Quatre aveugles s'assemblèrent un jour pour examiner un éléphant. Le premier toucha la jambe de l'animal et dit : « L'éléphant est comme un pilier. » Le second palpa la trompe et dit : « L'éléphant est comme une massue. » Le troisième aveugle tâta le ventre et déclara : « L'éléphant est comme une grosse jarre. » Le quatrième enfin, fit bouger une oreille de l'animal et dit à son tour : « L'éléphant est comme un grand van. » Puis ils se mirent à se disputer sur ce sujet. Un passant leur demanda la raison de leur querelle ; ils la lui exposèrent et le prirent comme arbitre. L'homme déclara : « Aucun de vous n'a bien vu l'éléphant. Il n'a pas l'air d'un pilier, mais ses jambes sont des piliers ; il n'a pas l'air d'un van, mais ses oreilles y ressemblent, il n'a pas l'aspect d'une jarre, c'est son ventre qui en est une. Il n'est pas une massue, c'est sa trompe qui est semblable à une massue. L'éléphant est une combinaison de tout cela : jambes, oreilles, trompe et ventre. » Ainsi se querellent ceux qui n'ont vu que l'un des aspects de la Divinité.

Ramakrishna

Gaja Shastra, traité sur les éléphants

ल्के पें सांगतों ॥ सुभक्तिधरुनी मनीं परिस भूपते सांगतो ॥ करींद्र शि
करी ॥ पुरंदर गजन्यावरी पुरुषवर्य खांद्यावरी ॥ ५८ ॥ नाभीं अग्नि अ
तळीं ॥ वक्षीं भूमिअ असे प्रजापति वसतो जाण लिंगस्थळीं ॥ लोका
गीरा हतीं ॥ दो पार्श्वी सुर आश्विन यवसती श्रोत्रीं दिशा वर्तती ॥ ५९ ॥
॥ अंगोपांगीं वदवते विलासें ॥ बुद्धींत भूजाण पर्जन्य पाहें ॥ इंद्रीं
परिपालकाप्य मुनिनें सारो म पादप्रती ॥ सारें ते गज जन्म वृत्त क शि
नें अतिरम्यते चि विरची बोधूं भल्या कौतुकें ॥ तो भूपाळ शिखामणि
॥ ६१ ॥ इति श्रीनारभेंद्र महाराज विरचिते गजशास्त्र भाषाप्रबंधे द्वि
प्रकरणं ॥ २ ॥ ॥ ॥ ॥ ६ ॥ ॥ ॥

Combat de renonçants, livre d'Akbar Nameh (1556-1605)

Quand nous en arrivons à croire que nous possédons notre Dieu parce que nous appartenons à telle ou telle secte, nous sommes parfaitement aises de penser que Dieu sert uniquement à nous permettre d'assommer avec plus de componction les gens qui, pour leur bien ou pour leur mal, se font de Lui une idée différant de la nôtre sur quelques détails théoriques. Ayant ainsi pourvu à notre Dieu, dans quelque Champs-Elysées de credo, nous nous sentons libres de nous réserver à nous-mêmes tout l'espace dans le monde de la réalité, et nous débarrassons ce monde du merveilleux de l'Infini, en en faisant quelque chose d'aussi trivial que le reste de notre mobilier. Une vulgarité aussi entière ne devient possible que si dans notre esprit nous ne doutons plus de croire en Dieu, tandis que dans notre vie nous Le négligeons totalement.

Le pieux sectaire est fier parce qu'il se sent le droit de posséder Dieu. Le dévôt est humble parce qu'il sent que Dieu a sur sa vie et son âme le droit d'amour. Or ce qui est l'objet de notre possession doit nécessairement devenir plus petit que nous ; sans l'admettre explicitement, le sectaire bigot entretient la croyance inconsciente que ses pareils et lui peuvent tenir Dieu à leur merci dans une cage qu'ils Lui ont forgée. C'est de la même manière que les races humaines primitives attribuent à leurs rituels une influence magique sur leurs dieux.

Et ainsi chaque religion commence comme agent de libération et finit par être une vaste geôle. Édifiée sur le renoncement de son fondateur, elle devient entre les mains de ses prêtres une institution d'accaparement ; revendiquant l'universalité, elle devient un centre actif de déchirements et de schismes.

… Je vous le dis : Si vous êtes véritablement amoureux de la Vérité, osez la chercher dans la plénitude, dans toute l'infinie beauté de sa majesté, et ne vous contentez jamais de thésauriser ses symboles vides en l'avare captivité que lui offrent les hautes murailles des conventions. Vénérons les grandes âmes dans la sublime simplicité de leur grandeur spirituelle – que toutes ont en commun – là où elles se rejoignent dans un désir universel de libérer l'homme de son asservissement à son propre ego individuel, à l'ego de sa race et à celui de sa secte. Mais dans les bassesses des traditions, là où les religions se défient mutuellement, réfutent les prétentions et les dogmes des unes des autres, le sage, consterné et plein de doute, doit se sentir à l'écart d'elles.

Rabindranâth Tagore

Soleil glorieux, miniature de l'Inde occidentale, VIe s.

Il n'existe plus pour moi
de lien, il n'y a plus
pour moi de libération.
Lien et libération ne sont
que des épouvantails
à l'usage d'un être terrifié.
Cet univers apparaît
comme un reflet dans l'intellect
à l'image du soleil dans les eaux.

Le Vijnana Bhairava Tantra

Si vous me demandez sur quelle forme du Seigneur méditer, je vous dirai de prendre celle que vous voudrez, mais sachez que ces formes ne font qu'Un.

Ramakrishna

En vérité,
l'esprit, la parole
et le souffle
à eux trois
constituent le Soi.
Cette trinité
constitue également
les trois mondes :

Chakra aux huit pétales, miniature XIXe s.

la parole

est le monde manifesté,

l'esprit

le souffle intérieur, et

le souffle

le monde de l'au-delà.

La Brihadaranyaka Upanishad

Un disciple demanda au maître :
Combien de temps faut-il à un homme
pour renaître après sa mort ? Est-ce
immédiat ou doit-il attendre ?

Rites funéraires, miniature, 1866

Le sage répondit : Vous ne saviez même pas ce que vous étiez avant votre naissance et vous voulez cependant connaître quel sera votre sort après votre décès. Savez-vous seulement ce que vous êtes maintenant ?

Naissance et renaissance relèvent du domaine physique. Vous vous identifiez avec votre corps. C'est une fausse identification. Vous croyez que votre corps est né et mourra ensuite.
Vous confondez deux ordres de valeur.
Connaissez votre « Moi » réel
et ces questions
ne se poseront pas.

Naissance et renaissance ne sont indiquées que pour vous forcer à réfléchir et découvrir qu'en réalité il n'y a ni naissance ni renaissance. Ce sont des phénomènes corporels qui n'ont aucun rapport avec le Soi. Connaissez donc le Soi et ne soyez plus affligé par le doute.

Ramana Maharshi

Plus vous avancez en âge, plus la pression du monde s'accentue et plus vous avez tous tendance à vous rapetisser. Mais vous avez dû voir certains saints qui agissent toujours sans crainte, le cœur plein d'amour et entièrement libres dans toutes les circonstances de la vie. Tandis que votre vie à vous est toujours paralysée par la crainte et la détresse. Essayez d'être forts, de secouer toutes les craintes, et de faire progresser le bien dans le monde par un travail désintéressé qui occupe toute votre vie.

Ma Ananda Moyi

Étude sur la vieillesse, miniature moghole, XVIIe s.

Un jour un homme alla trouver un ermite et lui dit avec une grande humilité : « Ô Maître, comment puis-je être sauvé ? » Le sâdhu, lisant au fond du cœur de l'homme, répondit : « Va me chercher ce qui est encore plus vil que toi-même. » L'homme se mit à chercher, mais ne trouva nulle part rien de plus vil que lui-même. Pourtant, voyant un jour ses excréments, il se dit : « Voici ce qui est certainement pire que moi. » Au moment où il s'apprêtait à les ramasser pour les porter au sâdhu, une voix en sortit qui disait : « Ne me touche pas, ô pécheur ; j'étais un délicieux gâteau sucré, digne d'être présenté en offrande aux dieux et de faire les délices des fidèles. Ma mauvaise chance me mit sur ton chemin et ton attouchement funeste me réduisit à cette condition si abominable qu'en me voyant les gens s'enfuient en se bouchant le nez. Je ne suis entré qu'une seule fois en contact avec toi et voici mon destin. À quelle dégradation plus profonde encore aboutirais-je si tu me touchais à nouveau ? »

Ainsi l'homme apprit la véritable humilité. Il devint le plus humble des humbles et fut, par conséquent, assuré d'atteindre à la plus haute perfection.

Conte traditionnel

n du XVIIIe s.

Où qu'il aille,

sous quelque déguisement que
ce soit, l'homme ne trouvera
aucune paix, quoi qu'il fasse,
tant que son esprit sera dispersé
et qu'il sera le jouet des passions.

Un savoir qui ne calme pas
l'esprit, un savoir qui ne rend
pas la vie paisible, est un savoir
mort. Il est comme un arbre sec.

Chandra Swami

Miniature du XVIIIe s.

Miniature indienne, école de Kangra, XIXe s.

La vie quotidienne n'est pas séparée de la vie éternelle. Tant que vous imaginerez que la vie ordinaire est différente de la vie spirituelle, vous éprouverez ce genre de difficultés. Si la vie spirituelle est comprise correctement, vous découvrirez qu'elle n'est pas différente de la vie active.

Est-ce que le mental peut arriver à s'attraper lui-même, comme s'il était un objet ? La vraie voie consiste à chercher et à trouver la source de toutes les fonctions mentales. Cette source du mental est la Réalité suprême. On ne peut pas arriver à connaître le Soi, à cause de l'interférence des pensées. Le Soi n'est réalisé que quand les pensées ont toutes disparu.

Ramana Maharshi

Le yoga n'est pas de l'ordre des idées, mais de celui de l'expérience spirituelle intérieure. Le fait d'être simplement attiré par un groupe quelconque d'idées religieuses ou spirituelles n'amène aucune réalisation. Le yoga signifie un changement de conscience ; une simple activité mentale ne provoquera pas un changement de conscience, elle ne peut amener qu'une transformation mentale. Et si votre mental est suffisamment mobile, il continuera de passer d'une chose à l'autre, jusqu'à la fin, sans parvenir à aucune voie sûre ni à aucun havre spirituel. Le mental peut penser, douter, questionner, accepter et retirer son agrément, faire des formations et les défaire, prendre des décisions et les annuler, jugeant toujours en surface et selon des indications de surface, et par conséquent

Maître et disciples, miniature du XVIIIe s.

sans jamais parvenir à une expérience profonde et ferme de la Vérité ; par lui-même il ne peut pas faire davantage. Il y a seulement trois moyens par lesquels il peut faire de lui-même un canal ou un instrument de la Vérité. Ou bien il doit tomber en silence dans le Soi et faire place à une conscience plus grande et plus vaste ; ou bien il doit se rendre passif à une Lumière intérieure et laisser cette Lumière l'utiliser comme moyen d'expression ; ou bien encore il doit lui-même se transformer, du mental superficiel intellectuel interrogateur qu'il est actuellement, en une intelligence intuitive, en un mental de vision capable de percevoir directement la Vérité divine.

Shrî Aurobindo

Vous désirez apprendre à nager. Dans cette intention, vous lisez des livres, écoutez des conseils sur la natation et devenez ainsi capable de reconnaître et d'expliquer toutes les techniques de la nage. Mais cette dépense d'efforts fera-t-elle de vous un nageur ? La seule connaissance théorique des façons de nager vous conférera-t-elle la moindre capacité de nager ? La réponse sera de toute évidence un non catégorique. Pour apprendre à nager, vous devez entrer dans l'eau et remuer bras et jambes. L'information sur l'une ou l'autre méthode et la connaissance de celle-ci vous aideront sans doute, mais ne faciliteront votre apprentissage que si vous exercez et pratiquez. Il en va de même avec la concentration spirituelle, pour laquelle vous devez vous asseoir et mettre à l'œuvre votre cœur et votre tête afin de maîtriser votre mental tumultueux. Asseyez-vous en *âsana* (posture de yoga). Fermez les yeux et cessez de penser. Abstenez-vous de faire quoi que ce soit. Ne luttez pas avec vos pensées. Laissez-les venir et partir, s'élever et s'affaisser. Surveillez-les d'une façon désintéressée comme il vous arrive avec le vol des oiseaux venant et disparaissant dans le ciel. Ne prenez aucune part à la venue et au départ des pensées, bornez-vous à les enregistrer et à les oublier très légèrement et très doucement. Après quelques mois d'une pratique régulière et quotidienne, les pensées commencent à se calmer et finalement leurs apparitions et disparitions s'arrêteront et seuls l'état d'éveil (*awareness*) et la quiétude seront éprouvés.

Chandra Swami

Yogi, miniature du XVIIIe s.

Les mouvements
de la respiration
sont l'expir, l'inspir
et la suspension.
En portant l'attention
sur l'endroit où se place la
respiration, sur son amplitude
et son rythme, on obtient
un souffle allongé et subtil.

Une quatrième modalité
de la respiration dépasse le plan
de conscience où l'on distingue
inspir et expir.

Alors ce qui cache la lumière
se dissipe.

Et l'esprit devient capable des
diverses formes de concentration.

Le Yoga-Sutras de Patanjali

Pranayama (contrôle du souffle), miniature

Entre la disparition d'une pensée
et l'apparition d'une autre,
il y a un intervalle vide qui
dépasse toute imagination.

Si tu arrivais à te saisir
de cet intervalle vide,
grâce à une pratique
spirituelle, alors il
ne fait aucun doute
que tu te réaliserais.

Chandra Swami

Madurai, temple de Meenakshi

« Pour le Suprême
il est possible
d'être *toute chose*
et cependant
de n'être *rien.* »

Danseurs mystiques, miniature du XIXe s.

« Le mouvement est dans l'immobilité
et l'immobilité est dans le mouvement. »

« Il existe un État d'être où il est indifférent
qu'Il assume une forme ou non,
ce qui est, est Lui. »

« Dans cet état d'équilibre complet il n'est rien
qui soit plus longtemps séparé de Lui,
qui ne soit Cela Même. »

« En chaque chose toutes les autres sont
contenues. »

Ma Ananda Moyi

Dans sa partie la plus élevée, le mental est conscient de ce qu'il ne fait qu'un avec le Divin, en toutes manières et en toutes choses ; possédant cette connaissance suprême, il n'est troublé ni par sa propre ignorance, ni par son impuissance dans ses instruments inférieurs. Il regarde tout cela avec un sourire et il demeure heureux et brille de la lumière de cette connaissance suprême.

La conscience de cette union avec le Divin est pour le chercheur spirituel la connaissance suprême.

Shrî Aurobindo

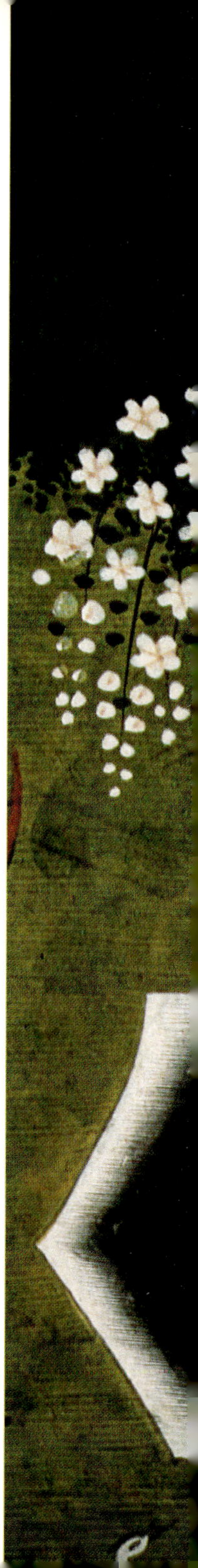

Renonçant dans la forêt, miniature

La naissance et la mort sont comme des bulles sur l'eau.

L'eau est réelle, les bulles sont éphémères ; elles s'élèvent hors de l'eau, puis y retombent. De même, Dieu est un grand océan dont les bulles sont les âmes.

Par Lui elles naissent, en Lui elles existent, à Lui elles retournent.

Ramakrishna

Vishnou rêvant le monde, mythe de la création

Creusez :

Miniature de l'école de Kalighat

Ce n'est pas dans le monde extérieur

que vous trouverez la paix.

us profond de vous-même

et vous trouverez la perle inestimable.

Ma Ananda Moyi

Si l'on devient
lucidement attentif,
on dispose d'une
extraordinaire
énergie...
cette énergie
de l'attention,
c'est la liberté.

Krishnamurti

Le réseau des canaux et des chakras du corps subtil

Jean Herbert (1897-1980)

Interprète et traducteur célèbre, fondateur de la collection « Spiritualités Vivantes », Jean Herbert fit découvrir au monde francophone, dès avant et après la Seconde Guerre mondiale, les grands textes mystiques de l'Orient et le message des grands sages de l'Inde qu'il rencontra, tels Shrî Aurobindo, Gandhi ou Swami Ramdas.

À ce titre, cet ouvrage des « Carnets de Sagesse » se devait de lui être dédié, en amical hommage.

Les photographies illustrant ce recueil sont de Roland et Sabrina Michaud

Les textes de ce livre sont issus des ouvrages suivants :

Le Vijnana Bhairava Tantra, texte traduit et commenté par Lilian Siburn, publications de l'Institut de civilisation indienne, éd. Collège de France.

Le Rosaire des instructions spontanées de Chandra Swami, éd. du Relié.

Les Upanishads, traduit de l'anglais par Gilles Farcet, éd. Argel.

Et dans la collection « Spiritualités Vivantes poche » chez Albin Michel :

Yoga-Sutras de Patanjali, traduits et commentés par Françoise Mazet.

L'Enseignement de Ramana Maharshi.

La Vie dans la vie de Shrî Anirvan, paroles recueillies par Lizelle Reymond.

L'Art de la réalisation de Chandra Swami.

La Pratique du yoga intégral de Shrî Aurobindo.

L'enseignement de Ramakrishna.

Sâdhanâ de Rabindranath Tagore.

L'Enseignement de Ma Ananda Moyi.

Ashrams d'Arnaud Desjardins.

Sur la civilisation indienne, on peut consulter :

L'Inde éternelle, collection « Sagesses du Monde », éd. Albin Michel.

Dans la collection **CARNETS DE SAGESSE** :

PAROLES INDIENNES
par Michel Piquemal
PAROLES DU BOUDDHA
par Marc de Smedt
PAROLES ZEN
par Marc de Smedt
PAROLES DE LA GRÈCE ANTIQUE
par Jacques Lacarrière
PAROLES DE JÉSUS
par Jean-Yves Leloup
PAROLES DE LA ROME ANTIQUE
par Benoît Desombres
PAROLES DE SAGESSE JUIVE
par Victor Malka
PAROLES D'ISLAM
par Nacer Khémir
PAROLES DE L'ÉGYPTE ANCIENNE
par François-Xavier Héry
PAROLES DU TAO
par Marc de Smedt
PAROLES DE NATURE
par Jean-Marie Pelt
PAROLES DE SCIENCE
par Albert Jacquard
PAROLES D'AFRIQUE
par Gérard Dumestre
PAROLES CELTES
par Jean Markale
PAROLES SOUFIES
par Sylvia Lipa Lacarrière
PAROLES DES FRANCS-MAÇONS
par Jack Chaboud
PAROLES DES ROMANTIQUES
par Michel Piquemal
PAROLES DE CHAMANS
par Henri Gougaud
PAROLES DES SAGES DE L'INDE
par Marc de Smedt
PAROLES DU JAPON
par Jean-Hugues Malineau
PAROLES DE TOUAREGS
par Maguy Vautier
PAROLES DE PEINTRES
par Jean-François Domergue
PAROLES DU NOUVEAU MONDE
par Kenneth White
PAROLES DE MUSICIENS
par Françoise et Bertrand Ballarin
PAROLES DE SAGESSE CHRÉTIENNE
par Jean Vernette
PAROLES DE SAGESSE LAÏQUE
par Daniel Royo
PAROLES DE TROUBADOURS
par Jean-Claude Marol
PAROLES ABORIGÈNES
par Thomas Johnson
PAROLES AZTÈQUES
par Jean Rose et Michel Piquemal
PAROLES DU TIBET
par Marc de Smedt
PAROLES DE SAGESSE ÉTERNELLE
par Michel Piquemal et Marc de Smedt
PAROLES D'ERMITES
par Jean-Yves Leloup
PAROLES DE GITANS
par Alice Becker-Ho
PAROLES DE DANSE
par Stéphanie Roux
PAROLES KABYLES
par Samia Messaoudi et Mustapha Harzoune
PAROLES DE SAGESSE VIKING
par Willem Hartman
PAROLES D'AVANT L'ÉCRITURE
par Jean Rose
PAROLES DE DÉSERT
par Maguy Vautier
PAROLES DE MÉDITATION
par Marc de Smedt
PAROLES DE GRIOTS
par Mathilde Voinchet
PAROLES DU DALAÏ-LAMA
par Marc de Smedt

Collection dirigée par Marc de Smedt et Michel Piquemal
Illustration de couverture : Danielle Siegelbaum – Maquette : Manu Boisteau

www.albin-michel.fr
Loi 49 956 du 16 juillet 1949 sur les publications destinées à la jeunesse
Dépôt légal : 1er trimestre 2004
N° d'édition : 13259/6
ISSN : 1248.8089 - ISBN : 2 226 08999 3
Imprimé en France par Pollina S.A. 85400 Luçon - n° 92567-B